PROBLÈME SOCIAL.

UNIR A JAMAIS L'INTÉRÊT DE LA MONARCHIE
ET DU PEUPLE.

TOULOUSE

Chez **DELBOY** Père, Libraire,
Rue de la Pomme, 74,

ET CHEZ L'AUTEUR,
Rue Traversière-des-Chalets, 16.

1869.

PROBLÈME SOCIAL.

UNIR A JAMAIS L'INTÉRÊT DE LA MONARCHIE ET DU PEUPLE.

Depuis longtemps on répète :

1. Dans un changement de gouvernement, il n'y a de changé pour le pauvre que le nom du maître.

2. Les maux publics retombent sur le peuple.

3. Dans une révolution les riches ont tout à craindre.

4. La raison du plus fort est toujours la meilleure.

Ces adages injustes ne sont fondés que sur l'intérêt des mauvaises passions : si ces passions pouvaient être réglées par une constitution forte et par des lois équitablementappliquées, les peuples cesseraient de se plaindre, et ceux qui les gouvernent n'auraient pas à craindre le cri de la nature qui n'est autre chose que la voix de Dieu. « *Vox populi, vox Dei.* »

La constitution sera forte lorsqu'elle sera fondée sur le principe d'égalité par la puissante initiative du souverain, avec le concours des deux chambres et la sanction du peuple convoqué tous les trois ans pour l'élection de ses mandataires ; une telle constitution devient de plus en plus nécessaire pour assurer les droits du peuple, la stabilité du Monarque et l'intérêt de tous, pourvu que le principe d'égalité n'ait pas d'effet rétrograde, et qu'au lieu d'emporter les titres acquis, il ne tende qu'à leur donner plus de distinction, plus de lustre durant la vie de ceux qui les possèdent.

PRINCIPES.

DIEU.

Dieu se manifeste très-dignement dans ses œuvres. Le ciel, la terre et la mer annoncent sa puissance. Il nous a donné des yeux pour voir, des oreilles pour entendre, l'intelligence et le cœur pour concevoir, sentir et aimer ; tant pis pour ceux qui ne veulent pas s'en servir.

L'HOMME.

De tous les êtres animés, l'homme seul contemple le ciel, embellit la terre, soumet à ses lois tout ce qui existe. Les autres animaux lui obéissent ou fuient à son approche. C'est le roi de la création.

L'HOMME INSPIRÉ.

L'adresse de l'homme décuple ses forces ; l'aspect du bien dilate son intelligence et son cœur. Plus il cultive ces nobles parties de lui-même, plus il s'approche de son créateur. C'est ainsi que Socrate se sentait inspiré, et que le fils de l'homme put se dire fils de Dieu.

RAISON, CONSCIENCE.

La raison a été donnée à l'homme pour diriger ses actions, et la conscience pour les mesurer. La conscience, d'accord avec la raison, conduit l'homme au bonheur. C'est la religion de Dieu, si divinement sentie par le Christ dans son sermon sur la montagne. (St-Mathieu, chap. 5.)

LIBERTÉ, MORALITÉ.

Outre la raison et la conscience, Dieu a donné à l'homme la liberté pour le rendre capable de mérite ou de démérite. Malgré son immensité qui le rend nécessairement présent dans nos cœurs, il veut que notre bonheur ou notre malheur dépende surtout de nos intentions et de nos œuvres ; il n'est pas moins vrai de dire : « L'homme propose et Dieu dispose. »

LA FOI.

Nous n'adorons pas les idoles ; mais nous pensons que le souverain juge agrée les vœux d'un cœur simple et sincère par quelque voie que ces vœux lui parviennent.

TOUT EST DANS LA CHARITÉ.

Chacun est libre de suivre les inspirations de son cœur ; mais on se repent tôt ou tard d'avoir dérangé l'ordre moral , d'où sortent la vérité, la justice et la charité complément du devoir.

SOCIÉTÉ.

L'homme est né pour la société , et cette société sagement constituée doit être heureuse au même titre que l'homme est heureux quand il fait le meilleur usage de ses facultés. Pour tirer le meilleur usage des facultés que la nature nous a réparties, il importe de perfectionner les esprits par des connaissances universellement utiles, et de cultiver tous les cœurs par l'étude de la nature en vue de Dieu, de l'homme, de la famille, de la société, de la patrie.

LA PATRIE.

La patrie n'est qu'un mot pour les esprits étroits, pour les cœurs arides, pour les âmes tarées, cuirassées d'égoïsme, de sottise et d'orgueil; mais la patrie est tout pour les esprits élevés, pour les âmes nobles, pour les cœurs généreux. La patrie est notre père, notre mère, nos frères, nos amis, nos concitoyens, nos enfants; c'est notre foyer domestique, notre champ, notre bien, notre pays, nos frontières. Enfin le mot patrie résume en lui seul tous les objets de notre affection, de notre tendresse et de nos respects. Aimer la patrie, c'est le fait d'un homme vertueux et d'un bon citoyen. La mort la plus glorieuse et la plus

désirable, c'est celle de l'homme qui suc-
combe pour la patrie.

SUFFRAGE UNIVERSEL.

La société du suffrage universel a naturelle-
ment choisi le plus digne pour la gouverner ;
mais quelque bien intentionné que soit ce plus
digne il ne pourra se défendre des mauvaises
passions du dehors qu'en s'appuyant sur une
constitution issue de son principe et sur le
conseil des anciens. (*Seniores*). J'entends par
ce mot des hommes âgés de plus de 60 ans,
exempts de préjugés et d'esprit de parti,
assez riches de biens, d'expérience et d'honneur pour n'avoir rien plus à cœur que la gran-
deur de la nation, la satisfaction du Monarque, et le bonheur du peuple.

Les anciennes monarchies ont péri parce

qu'elles étaient fondées sur une base essentiellement périssable, la corruption, la force et
l'erreur.

Les républiques les plus durables ont été
absorbées par la force ou l'ambition du génie
également périssable.

Mais la monarchie du suffrage universel,
nécessairement fondée sur la justice, serait
aussi durable que le monde si le suffrage quen-
quennal pouvait être insensiblement appliqué
à toute personne publique qui, par quelque
coupable intérêt, pourrait empêcher l'action de
la charité et de la justice.

Alors au lieu de dire faussement :

Divisez pour régner;
La fin justifie les moyens;
Éteignons les lumières;

On dirait avec vérité ;

L'union fait la force ;
Les moyens criminels ne sont jamais excu-
sables.
Eclairez le peuple comme le soleil éclaire le
monde.

Le peuple ne demande qu'une justice équi-
tablement distribuée. L'intérêt du Monarque
est de la faire appliquer.

En attendant que le suffrage quinquennal
puisse satisfaire l'intérêt du Monarque et du
peuple, écoutez l'apologue :

« Les grenouilles souffrant dans leurs de-
meures arides, poussaient des cris vers le
soleil :

L'une d'elles leur dit : « Vous vous plaignez

d'un seul soleil ; » que feriez-vous s'il vous en venait trente ?

PROPHÉTIE DE NAPOLÉON
SUR LE ROCHER DE SAINTE-HÉLÉNE.

Avant 50 ans, l'Europe sera républicaine ou Cosaque : alors, si mon fils existe, il sera appelé au trône au milieu des acclamations du peuple. S'il n'est plus, la France reviendra république ; car aucune main n'oserait s'emparer d'un sceptre qu'elle ne pourrait soutenir.

La branche d'Orléans, quoique agréable, est trop faible ; elle tient trop des autres Bourbons, elle aura le même sort, si elle ne préfère vivre en simple citoyen, quels que soient les changements qui surviennent.

Une fois encore, la France sera république

et les autres pays suivront son exemple. Ainsi
le système féodal recevra son coup de mort ;
comme le brouillard au milieu de l'Océan, il
sera évanoui au premier rayon du soleil de la
liberté.

Les états de l'Europe seront peut-ère pendant
quelques années dans un état continuel d'agita-
tion, semblable au sol au moment qui précède
un tremblement de terre ; mais enfin la lave se
dégage et l'explosion a tout terminé.

Croyez-moi, Lascases, de même que les
vignes plantées dans les cendres qui couvrent
les pieds de l'Etna et du Vésuve, produisent
les vins les plus délicieux, de même l'arbre
de la liberté deviendra inébranlable quand il
aura ses racines dans cette lave révolutionnaire
qui aura débordé sur toutes les monarchies.
Puisse-t-il fleurir pendant des siècles !

« J'étais né républicain; mais la destinée et

l'opposition de l'Europe m'ont fait Empereur,
j'attends maintenant l'avenir.

« NAPOLÉON »

_____

ACCOMPLISSEMENT DE LA PROPHÉTIE.

Avant 50 ans (1848), la France a été république, comme l'avait prédit le génie de
l'empire. — N'aurait-elle pas pu être Cosaque
sans le manifeste de Lamartine et la présence
d'un Napoléon?

La carte du globe nous montre l'empire de
Russie s'étendant de l'Ouest à l'Est, en
Europe, en Asie et en Amérique, embrassant
une partie de la mer Baltique, la mer Noire,
la mer Caspienne, les possessions Anglaises
de l'Inde, et l'empire Chinois, prêt à prendre
Constantinople où se trouve la clef du monde.

Les droits de l'homme reconnus par nos philosophes ont été suffisamment sanctionnés par le sang généreux de la première république.

Cette république aux abois confia son salut à Napoléon qui lui imprima son patriotisme, sa puissance et sa gloire.

Faute d'avoir garanti ses droits contre l'ambition périssable d'un éblouissant et incomparable mortel, la France humiliée et restreinte allait être mise en lambeaux. Mais Napoléon était là, au milieu de sa garde; et malgré les honteuses menées d'une politique contraire et l'abandon de ses généraux, il fallut compter avec la France et ses terribles soldats. La coalition triomphante ramena les Bourbons exilés. Grâce à son appui, Louis XVIII régna sur la France épuisée.

La chute de Charles X s'explique par la chanson :

Bientôt ce fils d'Henri IV
Voudra qu'en un jour d'action
Pour que nous allions combattre,
Un billet de confession !

La dynastie d'Orléans eut le sort de la branche aînée pour n'avoir pas su s'appuyer sur les institutions républicaines dont Lafayette avait voulu l'entourer.

Le fils du prophétique Empereur ayant disparu de la scène du monde, la France versa son immense reconnaissance sur Louis-Napoléon Bonaparte qui dut alors l'emporter sur les services signalés de Lamartine et sur l'ambition légitime d'un incomparable talent.

En 1869, le suffrage quinquennal montre jusqu'à l'évidence que tout pouvoir temporel, grand ou petit, doit prendre sa racine sur la

2

vérité, la justice et la charite, expression infaillible du suffrage du peuple.

Lorsque ce suffrage sera suffisamment éclairé, il s'opèrera sans secousse, pour la grande gloire du monarque qui l'aura protégé, et pour la satisfaction de son peuple.

Sous le règne de Louis Bonaparte, les limites naturelles de la France, de l'Espagne et de l'Italie ont été déterminées de manière à assurer le droit et les sympathies des peuples qui y atteignent.

Les aristocraties féodales ont reçu le coup de mort prédit par l'Empereur, et les états de l'Europe, quelque temps ébranlés, ne seront finalement affermis que par une politique moins méticuleuse et plus large. — Napoléon III a le mérite d'avoir reconnu la propriété littéraire et d'avoir planté des jalons pour de jeunes et vaillants généraux.

Par sa sincère alliance avec la Reine des mers, il a retranché de la prophétie de son oncle tout ce qu'elle avait de terrestre.

Après le suffrage universel qui a élu le Monarque, et le suffrage quinquennal qui lui sert de boussole, il importe à plus compétent et plus jeune que moi de soumettre au gouvernement une constitution souveraine qui lie à jamais le Monarque et le peuple.

Les exemples d'en haut sauvent ou tuent. On peut encore se rappeler qu'un mot mal interprété fut suivi de la chute d'une dynastie et d'une suite innombrable de désastreuses faillites. Depuis cette époque les mauvais moyens de s'enrichir battent sans cesse les bonnes mœurs, le pouvoir et le peuple.

Napoléon Ier né républicain dut nécessairement recourir à son immense génie pour repousser les vaillantes armées de l'Autriche revenant toujours plus nombreuses.

Le pape récalcitrant ayant été forcé de lui fournir des secours que le Directoire ne pouvait lui donner, il passe de nouveau les Alpes, impose la paix à l'Autriche, châtie Venise et devient l'arbitre de l'Ialie.

La république aux abois tend sa main patriotique au brillant génie qui lui donne en échange des institutions salutaires et une gloire immortelle ; mais son vaste génie lui fit oublier qu'il était de ce monde où les meilleures choses ont le pire destin.

Avec les os de nos soldats morts pour la patrie, on pourrait élever une immense colonne ; mais cette colonne, convertie en un marbre durable, irait dire à la postérité :

« Les hommes passent, les institutions restent. »

III.

NAPOLÉON Ier

Napoléon Ier fut l'homme le plus accompli et le plus étonnant de son siècle. Son corps délicat en apparence mais parfaitement constitué, renfermait une âme aussi grande qu'il en fut jamais. Impassible dans les revers, supérieur à tous les hommes, quelquefois même à tous les obstacles, il ne cessa d'organiser la victoire que lorsqu'il se vit abandonné par ses généraux fatigués et par la France épuisée.

Et cependant, quoi de plus désirable pour un général que de pouvoir mourir pour la patrie à la vue de la capitale, sous les yeux de ses concitoyens, à côté d'un héros si fécond en ressources !

La chute de l'empire et les malheurs de la France disent assez que les passions d'un mortel, quelque parfait qu'il puisse être, doivent être réglées par une constitution équitable, émanée du monarque, conservée dans le sénat, défendue par des mandataires appelés tous les ans par le suffrage du peuple.

Cette réflexion n'empêche pas de reconnaître dans Napoléon Bonaparte l'homme providentiel que le suffrage du peuple fit une fois premier consul et une autre fois Empereur.

En se portant plus tard sur l'héritier de l'empire, ce suffrage nous a donné une nouvelle preuve de sagesse et de force, puisqu'il était l'expression universelle du sentiment le plus honorable.

TACT MERVEILLEUX.

Dans une soirée d'hiver, le premier consul

avait posé sa tabatière sur une cheminée contre laquelle il se tenait adossé, charmant la société par sa belle figure et son noble entretien. Après être resté un quart d'heure dans cette pose, il se retourne pour prendre sa tabatière, et après l'avoir tournée légèrement dans sa main, il commande à Roustan d'aller lui chercher un jeune chien.

L'animal forcé de respirer la prise suspecte, tombe foudroyé sous les regards étonnés.

GALANTERIE.

Une brillante société se trouvait un soir réunie chez M. de Prony, lorsque le premier consul entre chez son ami très surpris de le voir. — Et comment va ma petite Tonton, fit Bonaparte avançant vers Mme de Prony avec la plus gracieuse familiarité. Puis remarquant plusieurs jeunes dames, il va faire à chacune son petit compliment.

Passant sa jolie main sur la joue de celle qui fut plus tard mon épouse, il dit : Voilà une belle brune ! Et à la suivante : Oh ! que tu es belle ! quel dommage que tu sois si blonde ! et après avoir échangé quelques mots avec M. de Prony, il part comme un éclair.

Bonaparte semblait né pour semer dans toute l'Europe les principes de 89 ; mais la France qui aurait dû le guider, ne se fut pas plutôt livrée à son vaste génie, qu'il rappelle les émigrés par la nation exilés, franchit les frontières, s'empare du pape et par une ambition des plus effrenées, enlève à tous les peuples leurs enfants, leur liberté et leurs droits.

On conçoit qu'un seul homme se laisse nécessairement entraîner par la force de sa nature et par l'incontinence de ses passions.

Sua quemque trahit voluptas.

Qu'une société d'hommes, un corps quelconque, pour si respectable qu'il soit, cède à l'entraînement d'un parti, à la séduction des titres, de l'or et des places ; mais une nation dont les droits ont été proclamés par les hommes les plus savants et les plus généreux de la terre, ne peut se laisser conduire que par la vérité, la justice et la charité, expression nécessaire du suffrage du peuple.

Napoléon avait l'éloquence du patriotisme et du cœur.

A la vue des pyramides d'Egypte, il dit à ses soldats :

« Du haut de ces pyramides trente siècles vous contemplent. »

Bonaparte fut un modèle de dévouement ; il avait un sentiment qu'on doit inspirer de bonne heure aux enfants, le sentiment de l'honneur.

Proclamé consul à vie, il répond :

« La vie d'un citoyen est à la patrie ; le peu-
» ple français veut que la mienne lui soit
» consacrée tout entière, j'obéis à sa vo-
» lonté. »

Son génie et son courage semblaient grandir
avec les revers. Témoin cette activité fou-
droyante qu'il déploya contre les nombreux
ennemis de la France qui, en 1814, avaient
franchi nos frontières. Et cette apostrophe aux
députés contre lui révoltés :

« Vous avez voulu me couvrir de boue ;
» mais je suis de ces hommes qu'on tue et
» qu'on ne déshonore pas. Qu'est-ce qu'un
» trône au reste ! Quatre morceaux de bois re-
» vêtus d'un morceau de velours. Tout dépend
» de celui qui s'y assied. Le trône est dans la
» nation. »

Le désintéressement, l'audace et le génie

de Napoléon, c'est l'amour de la patrie dans une tête bien organisée.

Ce brillant météore a jeté tant d'éclat sur le monde, qu'après s'être éteint au milieu de l'Océan dans une île isolée et lointaine, on croit encore lire sur son char de triomphe :

« S'il n'a pu rester sur son char,
« Il en est du moins tombé avec gloire : »
Quem si non tenuit magnis tamen excidit ausis.

IV.

Jusqu'à quand le mensonge et l'erreur continueront-ils à se jouer des hommes ? Jusqu'à quand les trônes de la terre seront-ils compromis par le souffle empoisonné de l'erreur, de l'ignorance, du privilège et des abus ? Jusqu'à quand le vice lèvera-t-il la tête !

Si l'on veut anéantir le crime et faire surgir

la vertu, il n'y a qu'à diriger les hommes vers l'égalité, la justice et la charité, d'après la loi de la nature, la doctrine du Christ et les grands principes de 89, fortement scellés par le sang de nos pères.

C'est avec ces principes que les soldats de la République rejetèrent au-delà de nos frontières les armées de la coalition, que le général Bonaparte communiqua à ses soldats le feu de la victoire, qu'arrivé au consulat par un mérite incontestable, il fonda des institutions et des lois qui préparèrent l'émancipation des peuples.

Mais son vaste génie lui ayant fait oublier qu'il n'était qu'un mortel, il dévia de la route, voulut s'élever au-dessus de la nation, et comme un autre Phaéton, il alla tomber dans les flots. Tant il est vrai que le plus grand génie se laisse toujours entraîner parce qu'il a de terrestre.

Le monarque dont le droit divin est dans le suffrage du peuple, n'a pas besoin de fictions ou de fausses manœuvres pour le gouverner.

La seule justice doit lui procurer sans effort le bonheur, la puissance et la gloire.

Mais il convient avant tout de substituer la morale à l'égoïsme, la raison à l'arbitraire, l'amour de la justice à celui de l'or, le mérite qui sert à l'adulation qui trahit.

V.

Vers 1830, on lisait quelque part sous l'effigie de Napoléon Ier : « Dieu le fit et brisa le moule. » Dieu le fit en effet pour le salut et la gloire de la France ; mais les circonstances ne sont pas les mêmes pour l'héritier de l'empire. Alors la France avait besoin de défenseurs, d'institutions et de gloire.

Aujourd'hui elle attend la justice du prince qu'elle a élu.

Les privilèges et les abus pourront y perdre quelque chose ; mais le monarque, plus indépendant, plus heureux et plus sûr, aura un peuple plus satisfait, plus dévoué et plus sage.

Il est de la nature de l'homme de se laisser dominer par certaines passions qui finissent par emporter les plus fortes institutions et les plus pures doctrines. Il en sera toujours de même tant que ces institutions et ces doctrines pourront servir à l'avide domination de quelques-uns au détriment du plus grand nombre. Si l'intérêt de tous est vaincu sur un point, l'ancien lien se relâche, les abus s'introduisent et les privilèges renaissent. Ceux qui en souffrent crient à l'injustice, réclament contre les abus, se révoltent contre l'oppression et finissent par emporter les abus et les privilèges avec leurs injustes et imprudents détenteurs; tout est à refaire, et on se reporte à 89, avec les talents les plus remarquables, les cœurs les plus nobles, les esprits les plus justes pour établir la monarchie sur la base inébranlable de l'intérêt de tous. Si l'antique monarchie s'abîma dans la république, cela ne tint qu'aux préjugé de la cour, à la faiblesse du monarque et aux détenteurs obstinés d'injustes privilèges.

La monarchie, qui, malgré les efforts intéressés de la réaction, aura pris pour base le suffrage du peuple, sera de tous les gouvernements le plus raisonnable, le plus éclairé, le plus solide et le plus fécond en heureux résultats; car il sera le seul qui ait la force de sacrifier l'intérêt particulier à l'intérêt général pour asseoir sa puissance sur les bases éternelles de l'équité, de la justice et de la vérité.

Le droit divin n'a jamais réellement existé
que dans le suffrage du peuple. Le monarque
qui a su résister à l'émeute, peut regarder
comme sa meilleure boussole le suffrage quinquennal, suffisamment éclairé et fortement
protégé. Alors les concessions qu'il lui plaira
de faire seront au peuple qu'il gouverne ce que
les canaux du Nil sont aux champs de l'Égypte.

C'est le gouvernement qu'il convient d'opposer à cette lave révolutionnaire qui, selon la
prédiction de notre prophétique Empereur, doit
un jour déborder sur toutes les monarchies de
l'Europe.

VI.

LAMARTINE.

Dans nos assemblées nationales, aucun ora-
teur ne peut être comparé à Lamartine par

l'éclat et la magnificence de la parole. « On dit que j'avais conspiré avec Blanqui, Barbès, etc. J'avais conspiré avec ces hommes comme le paratonnerre conspire avec le nuage qui porte la foudre. »

Malgré les services signalés de Lamartine et son incontestable talent, le peuple comprit qu'il n'était pas né pour la république.

Ayant eu quelques relations d'intérêt avec cet homme généreux, voici ce que je lui soumis en 1849.

CHERS CONCITOYENS,

Le patriotisme, le courage et le talent avec toutes les qualités qui élèvent un homme au-dessus de ses semblables, signalent à vos suffrages le nom de Lamartine. Ces signes de supériorité proclament un droit vraiment divin devant lequel se prosternent les adversaires de ce grand homme.

Si la raison publique signale Lamartine comme le plus digne, devons-nous étouffer la voix de notre conscience, abjurer les lumières de notre raison pour épouser l'intérêt et les passions des partis.

Dans une occasion si solennelle, ce serait trahir la patrie et exposer la France à la risée des peuples que de refuser notre vote à l'homme de génie que la Providence semble avoir suscité dans ces jours de révolution et de crise pour le salut de la France et de l'humanité.

Réponse de Monsieur de Lamartine.

Monsieur,

J'ai reçu avec reconnaissance votre témoignage de sympathie; vous me prodiguez la bienveillance et le sourire de l'âme.

Je voudrais en être plus digne et mieux mériter le souvenir que vous donnez à ces pages qui ne vivent que par l'écho qu'elles éveillent dans les cœurs sonores et amis comme vous.

Je vous envoie, Monsieur, mes remercîments et la considération la plus distinguée.

Paris le 30 Mai 1851.

Voilà l'homme qui, au milieu des poignards et des fusils qui le menaçaient, fit disparaître le drapeau rouge par le seul ascendant de sa parole.

Lisez son sublime manifeste où il apprend aux peuples leurs devoirs et leurs droits, anime les armées et fait trembler les rois sur leur trône.

On sent dans ce sublime manifeste, les vi-

brations du cœur de Lamartine, de ce cœur
qui est comme un instrument d'éloquence, et
qu'avaient ébranlé jusque dans ses profondeurs
les grands événements qu'il venait d'évoquer
et d'accomplir.

A Monsieur de Lamartine.

« Je vais vous dire pourquoi vous n'avez eu
qu'un petit nombre de voix dans un arrondis-
sement où vous êtes cependant reconnu comme
le plus digne.

» C'est qu'on avait sous les yeux les 45 c.,
les ateliers nationaux, l'organisation du travail et autres panacées de ce genre. Nous
savons fort bien, Monsieur, que toutes ces
mesures ne sont pas les vôtres ; mais les hommes qui n'avaient alors confiance qu'en

Lamartine ont ils eu tort de lui faire sentir leur mécontentement ?

» En effet, peut-on concevoir une mesure plus impolitique, plus anti-républicaine, plus ironiquement oppressive, que celle des 45 c. ? Où trouver une puissance plus aveugle, plus exigente, plus avide que celle des ateliers nationaux ? Quoi de moins mûri, de plus contraire à la liberté que cette prétendue organisation du travail ! Ceux qui ont proposé ces mesures n'auraient-ils pas mieux fait d'écouter la voix de quelques amis qui leur disaient :

» Diminuez les appointements au-dessus de 3000 fr. de manière qu'en dehors du Président de la République, des maréchaux de France, des Ambassadeurs et des Ministres, nul employé de l'Etat ne puisse toucher au-delà de 20,000 fr. par an.

2me LETTRE.

» Dans notre jeune république un grand exemple de désintéressement est préférable à la victoire la plus éclatante. C'est la soif de l'or qui a tué la monarchie et qui tient encore sur l'abîme la république peu affermie. Loin de nous ces hommes cupides, ces parvenus de tous les partis, à qui la richesse a usé le palais et séché le cœur, ces disciples de Machiavel qui ne savent gouverner que par la division, la discorde et la corruption, qu'ils dirigent le vaisseau de l'état, ces hommes généreux qui, à l'exemple du premier consul, n'ont rien tant à cœur que l'amour de la patrie et la gloire de la France. Quelle fatalité ! la France secoue violemment le fardeau trop pesant d'une monarchie, et ses plus généreux enfants sont encore obligés de nous imposer de nouvelles charges!

Les impôts qui suffisaient au luxe de la monarchie ne peuvent plus suffire à la simplicité de la République! Ce n'est pas assez des 45 c., il faut encore tuer le crédit par la menace d'imposer la rente garantie par l'Etat et le luxe qui fait vivre l'ouvrier! Que peut on faire de mieux pour perdre la République?

VII.

CAUSES DE LA RUINE DES MONARCHIES D'APRÈS SULLY, MINISTRE D'HENRI IV.

1° Les subsides outrés.

2° Le grand nombre d'emplois publics et les frais qui en résultent.

3° L'autorité excessive de ceux qui les exercent.

4° Les frais de longueur d'iniquitéde la justice.

5° Le luxe et tout ce qui y a rapport.

6° La débauche et la corruption des mœurs.

7° Les guerres injustes et imprudentes.

8° Le despotisme des souverains.

9° Leur attachement aveugle à certaines personnes.

10° La cupidité des ministres et des gens en faveur.

11° Le mépris et l'oubli des gens de lettres,

12° La tolérance des mauvaises coutumes et l'infraction des bonnes lois.

Il établit en principe que les bonnes mœurs et bonnes lois se forment réciproquement.

Malheureusement cette vérite ne devient sensible pour les hommes d'état que lorsque la corruption et les abus sont au plus haut point ; en sorte que, parmi les hommes, c'est toujours

le plus grand mal qui devient le plus grand
Lien.

VIII.

RELIGION.

Dans un danger imminent, il n'y a guère
d'homme qui ne s'écrie: Mon Dieu! Cette
exclamation dont l'impie lui-même ne peut se
défendre, prouve qu'il y a au-dedans de nous
un Dieu qui nous protège.

Nous ne pouvons pas réfléchir sur la constitution des êtres, sur leur cause, leurs
moyens et leur fin, sans être frappés d'admiration et de reconnaissance pour l'intelligence
infinie qui y réside. Cette admiration et cette
reconnaissance ont fait naître différents cultes
souverainement respectables. Mais l'enseignement biblique et la doctrine du Christ sont la

base de toute morale. Nous devons à la Bible
l'histoire de la création, les psaumes, les proverbes, les commandements de Dieu et le
Christ modèle de toute perfection et de toute
sagesse. Son sermon sur la montagne est si
conforme au cœur humain qu'on ne peut s'empêcher d'y appliquer ces paroles : « Tu es Pierre
et sur cette pierre j'élèverai mon église. » Si
en passant par la bouche et le style des hommes,
cette doctrine avait pu conserver sa pureté
primitive, le monde entier vivrait sous sa loi,
et nulle secte n'entendrait ces paroles : « hors
de l'Eglise il n'y a point de salut. »

Pourquoi fermer la porte aux fidèles obser-
vateurs de la Bible qui nous apprend les
commandements de Dieu, la création, les
psaumes, les proverbes et tant d'autres choses
aussi belles que bonnes? Pourquoi exclure les
partisans divers de l'Evangile puisqu'ils en

respectent la lettre? Ne sait-on pas qu'en voulant forcer les consciences, on ne peut faire que des incrédules, des hypocrites, des hommes extrêmement dangereux? tandis qu'en expliquant le grand livre de la nature qui est à la vue de tous les yeux, à la portée de toutes les intelligences, vous fondez la puissance et la foi sur l'intérêt et sur la raison de tous.

J.-C. a dit : « *Non possumus servire Deo et mammonæ.* » Nous ne pouvons servir Dieu et les richesses. Cependant les dispensateurs de cette doctrine en ont longtemps abusé pour acquérir des privilèges, des richesses et une puissance qui, sous Sixte-Quint, Grégoire VII, Innocent III et tant d'autres, devint funeste à la raison, à la science, aux empereurs et aux peuples. Si les savants ouvriers chargés de la répandre voulaient expliquer aux hommes les secrets de la nature et les merveilles de la création, en vue de Dieu, de l'homme et de la société, ils trouveraient sur toute la terre, accueil, indépendance et honneur. Je parle de l'indépendance de la doctrine, car tout homme nécessairement sujet aux mauvaises passions, doit être rigoureusement soumis à toutes les règles qui les régissent.

Pour donner à cette doctrine toute l'indépendance possible, il suffit, selon ma pensée, que dans chaque département les chefs des différents cultes soient élus par le suffrage quinquennal de leurs coréligionnaires; mais il faut pouvoir dire avant tout que l'ensemble de ces doctrines est dans l'intérêt général.

Chez les Perses, d'où notre religion semble avoir tiré ses emblèmes, si le ministre du culte était honoré de quelque révélation céleste, il ne devait pas la publier, crainte d'embarrasser le peuple qui devait s'en tenir à la loi écrite.

L'histoire nous apprend que les corps religieux ont toujours profité de l'ignorance des peuples, de la faiblesse des gouvernements et de la périlleuse sécurité des monarques pour obtenir des faveurs et des privilèges dont ils devaient nécessairement abuser faute de bornes infranchissables entre l'autorité civile et les fonctions religieuses.

IX.

JUSTICE.

Homo sum et nihil humani à me alienum puto.

Je suis homme, et je ne me crois pas exempt des faiblesses humaines.

Partant de là, tout homme, dans quelque

position qu'il se trouve, doit diriger sa conduite d'après les principes suivants :

I. Tout ce qui est d'intérêt général est juste.

II. Tout ce qui est juste est d'intérêt général.

D'où cet autre principe :

III. Ne faites pas à autrui ce que vous ne
voudriez pas qu'on vous fît.

Alteri ne feceris quod tibi fieri non vis.

I. Il est de l'intérêt général qu'il y ait une
constitution équitable autant pour protéger le
Monarque contre ses propres passions que
contre les mauvaises passions de ceux qui
l'approchent.

Cette constitution émanée du génie libéral
de l'Empire, conservé dans un sénat vénérable
hors de l'influence de tout esprit de parti,
défendue au besoin par les députés de la nation,
ne sera véritablement salutaire et durable pour

le Monarque et le peuple qu'autant qu'elle aura été approuvée par le suffrage de toute la nation.

Une telle constitution devient de plus en plus nécessaire pour nous garantir de cette lave révolutionnaire qui menace de déborder sur toutes les monarchies de l'Europe.

Un seul homme, quelque puissant qu'il soit, peut se tromper ou être trompé ; un corps quelconque peut être gagné, subjugué, dominé même ; mais la nation entière ne peut être ni dominée, ni gagnée, ni trompée.

Une monarchie appuyée sur les principes de 89 serait la plus grande, la plus glorieuse et la plus durable du monde, parce qu'elle serait la plus équitable. A sa voix les peuples de la Gaule salutairement fédérés, réclameraient les frontières naturelles du Rhin si essentielles à la paix, à la justice et à la fraternité des peuples.

On peut regarder comme une injustice tout privilège qui n'est pas d'un intérêt aussi général qu'une monarchie fondée sur une constitution approuvée de tous ; mais il est à désirer pour la gloire de la France et la moralité de l'exemple que les noms illustres du premier Empire passent à leurs enfants jusqu'à l'extinction de leur race.

II. Il est de l'intérêt général que les juges de paix et les ordonnateurs de la charité publique dans les hôpitaux et ailleurs soient élus par le suffrage quinquennal de leur circonscription.

III. Qu'un failli vrai ou faux ne puisse jamais livrer sa gestion à un autre plus entreprenant ou plus riche pour entraîner ainsi dans la ruine les nombreuses victimes de sa gestion, comme on l'a vu en 1850 dans le monstrueux procès du *Journal général de Presse* qui ne fut pas même imprimé. Je plains le peuple où il est permis de s'enrichir par la simple souscription à de brillantes promesses. L'argent qu'on donne vaut bien une réalité.

IV. Qu'un mari ne puisse s'entendre avec sa femme pour se débarrasser de ses dettes et éclabousser en voiture les honnêtes piétons dont il aura surpris la confiance.

V. Qu'aucun particulier ne puisse ouvrir une voie publique sur son propre terrain avant d'avoir cédé ce terrain à la ville pour en obtenir le tracé.

VI. Qu'un propriétaire qui fait élever sa maison au-dessus de celle du voisin ne puisse pas obliger ce dernier à se mettre en frais pour se garantir de la fumée et autres dommages résultant de cette élévation.

VII. Que les eaux infectes ou nuisibles ne soient pas journellement répandues pour l'in-

4

térêt d'un seul dans une rue habitée, ouverte à la circulation publique.

VIII. Que sur la plainte d'un propriétaire, le commissaire de police envoie un agent pour constater le désordre intérieur ou extérieur et pour réclamer un ordre que sa présence seule peut souvent rétablir.

Sans cette prompte assistance de la police, voici ce qui arrive :

I. Une personne honnête est arrêtée et insultée en pleine rue par une autre personne exaltée, méchante ou jalouse; la police lui répond : cela ne me regarde pas, si vous avez des temoins faites-la assigner. Quelle est la femme honnête qui osera se présenter à l'audience pour se défendre d'une accusation dont le nom seul peut la faire rougir?

Un vieux propriétaire est journellement insulté par la jeune femme d'un locataire absent.

Cette femme attire dans sa maison toute sorte de gens. Plusieurs objets disparaissent et on ne peut pas même étendre du linge dans le jardin, sans craindre qu'il ne disparaisse. On dit que dans ce cas le propriétaire est obligé de faire citer cette femme et d'obtenir un jugement pour la faire sortir de chez lui. Qu'y faire ?

On déchire deux affiches sur une porte et on en barbouille une troisième avec un balai trempé dans la boue du ruisseau. L'empreinte du balai en dedans de la porte indique clairement le coupable. On prétend que les désordres intérieurs ne regardent pas la police; mais comme il n'est pas à supposer que l'Etat consente à payer une foule d'agents pour laisser émousser dans les rues leur intelligence et leur zèle, je dis qu'il est de l'intérêt de tous que la police n'ait pas seulement à s'occuper des désordres extérieurs qui existent rarement en province ; mais qu'elle ait encore à intervenir dans les désordres intérieurs signalés par les propriétaires qui assurément sont de tous les hommes les plus intéressés à maintenir le bon ordre et à faire respecter la justice. L'autorité de la police ne saurait être assez respectée ; mais il est de son intérêt d'envoyer des agents pour réprimer toute espèce de désordre, et qu'on ne soit obligé de recourir à la justice que pour les affaires qui réclament des juges, telles par exemple que le paiement d'une dette ou la réclamation pécuniaire d'un dommage quelconque.

Est-ce l'État qui autorise certains agents du fisc à entrer dans nos petits jardins pour y compter les grappes de nos treilles, trop souvent insuffisantes pour régaler deux marmots ?

Un ancien capitaine jouissant d'une retraite de 2500 fr. est abandonné par sa femme qui le

voit d'un œil sec se débattre contre la mort.
Cette femme qui venait de toucher le trimestre
de son mari refuse un drap pour l'envelopper,
ne donne aucun signe de deuil, et ce brave qui
aurait dû être accompagné par un piquet de
soldats, est enlevé dans le corbillard du pauvre sans autre suite que deux amis voisins
venus là par hasard. Qu'y faire?

Ces exemples suffisent pour montrer à quel
point sont usés les ressorts du devoir, de la
justice, de la reconnaissance, de la charité.

ENSEIGNEMENT.

Le droit d'enseigner ne paraît pas moins
respectable que le droit de propriété. Le premier repose sur une faculté répartie par la
nature; tandis que le second ne tient qu'à une
convention des hommes. Mais l'industrie à

laquelle le droit d'enseigner donne naissance,
ne doit pas s'exercer en dehors de la surveillance de l'État, parce que les hommes
dont le cœur est vicié et les institutions
mauvaises, pourraient en abuser pour corrompre la jeunesse, détruire la morale et
renverser le gouvernement établi.

ÉDUCATION PUBLIQUE.

L'éducation publique a l'avantage de rendre
les enfants plus sociables en les obligeant à
vivre avec les enfants de toutes les conditions,
et à plier leur caractère sous le joug de l'égalité, de l'obéissance et du devoir. L'enfant ainsi
élevé aura quelquefois à se défendre contre la
grossière familiarité de ses condisciples; mais
il apprendra à se dépouiller peu à peu des pré-

jugés et des erreurs domestiques , à être bien-
veillant et équitable avec ses égaux.

EDUCATION PRIVÉE.

L'éducation privée n'est propre qu'à nourrir
l'orgueil, les préjugés et les défauts de famille.
L'enfant qui la reçoit ressemble à une plante
étiolée, à une fleur éclose en terre chaude
qui ne peut supporter l'influence de l'air extérieur.

ENSEIGNEMENT OBLIGATOIRE.

L'État doit obliger les enfants vagabonds et
oisifs à se rendre à l'école; mais il est plus
intéressé que tout autre à faire respecter l'autorité paternelle. Il ne doit pas forcer le père
à accepter un don qui peut lui paraître préju-
diciable. L'enfant qui fréquente l'école matin

et soir, pendant un certain nombre d'années, ne vaudra jamais ce laboureur habitué dès l'enfance à garder les troupeaux, à remuer la terre, à respecter ses parents.

Mais il n'est pas de père qui refuse d'envoyer son enfant à l'école deux heures par jour, surtout si l'état exige que cet enfant sache lire et écrire pour avoir un jour le droit de voter et d'arriver aux emplois.

CONGRÉGATIONS RELIGIEUSES.

La partie n'étant pas égale entre congrégations et particuliers, entre une foi qui transporte les montagnes et un gouvernement sujet à faiblir, il en résulte pour les congrégations une tendance nécessaire à faire disparaître les institutions privées et à envahir l'enseignement national. Cette tendance a été depuis longtemps remarquée dans ces puissantes institutions qu'Eustache de Bellay, évêque de Paris, déclarait infiniment dangereuses et dont le cardinal de Richelieu a dit quelque part : « Un corps soumis à une discipline étrangère, consacré à une vie contraire à l'esprit de société ne peut, suivant les lois d'une bonne politique, être admis dans un état où il peut se rendre redoutable. » La société de Jésus a pu faire quelque bien, mais l'histoire ne lui est pas favorable; ses disciples les plus éminents ont blâmé ses tendances.

Ils s'appuient sur ces paroles du Christ: Allez et instruisez les nations; mais celui qui a dit: Bienheureux les pauvres d'esprit, ne les avait pas choisis pour faire commerce de science; il leur a commandé d'enseigner l'humilité, la pauvreté, l'abstinence avec toutes les vertus qui tendent à nous détacher des biens d'ici-bas. La persécution de plusieurs savants dit assez haut que la science doit être affranchie de toute autorité religieuse.

C'est dans l'institution des jésuites que vont se fondre les institutions privées, les collèges communaux, voir même les lycées impériaux, quoique plus fortement constitués. Si les établissements religieux finissent par l'emporter, ils ne manqueront pas de se servir du monopole de l'enseignement pour soumettre les peuples et les rois au gouvernement de l'Eglise, en vertu de ces paroles : « hors de l'Eglise il n'y a point de salut. »

Feu M. de Rossy, de respectable mémoire, disait avec l'autorité du talent et de sa position près du Saint-Siège.

La liberté de l'enseignement ne peut profiter qu'aux congrégations religieuses; c'est le moyen de transformer la France en un vaste séminaire, de faire la loi aux peuples et aux rois Le clergé , avec des vertus chrétiennes, a peu ou point de vertus politiques. Etat dans l'Etat, sa vie est à part de la vie de la nation. Son établissement ecclésiastique doit être indépendant de l'établissement monarchique.

C'est ce que voulait Bonaparte, premier consul, lorsqu'on lui conseillait de concentrer dans ses mains le pouvoir ecclésiastique.

Il aurait mieux fait de ne pas s'en occuper.

« Je n'aime pas l'institut des jésuites, dit Lamartine dans ses Confidences. Elevé dans leur sein, je sus discerner l'esprit de séduction, d'orgueil et de domination qui se cache ou qui se révèle à propos dans leur politique, et qui, en immolant chaque membre au corps et confondant ce corps avec la religion, se substitue habilement à Dieu même et aspire à donner à une secte surannée le gouvernement des consciences et la monarchie universelle de la conscience humaine. »

D'après ces autorités, on peut ajouter que toute congrégation est d'autant plus injuste, qu'elle n'est pas d'intérêt général.

Les congrégations mettent le droit divin où leur intérêt l'exige, tandis qu'on ne l'a jamais réellement trouvé que dans la voix du peuple. « *Vox populi, vox Dei.* »

C'est cette voix providentielle qui suscita deux fois Napoléon Bonaparte : la première pour sauver la France de l'anarchie, et la seconde pour la sauver de la contre-révolution.

Son empire aurait fait le bonheur et la gloire de la France si son ambitieux génie avait pu être contenu par une constitution émanée du Monarque, du sénat et du peuple.

C'est par la voix du peuple et par le sentiment le plus légitime et le plus honorable que Louis-Napoléon Bonaparte a été élu.

Il est donc de l'intérêt du Monarque et du peuple de se renfermer dans une constitution quiles met à l'abri de toutes les mauvaises passions.

Un seul homme est fatalement entraîné par la force de sa nature ; une société d'hommes, un corps quelconque peut céder à l'ascendant du génie, à la force, à l'argent ; mais la voix du peuple est une puissance qui ne peut être ni forcée, ni gagnée, ni trompée ; e'le est l'expression de l'intérêt de tous ; c'est de cet intérêt seulement que peut sortir la vérité, la justice, la charité avec tout ce qu'il y a de durable et de bon dans le monde.

Pour revenir à l'enseignement, on pourrait le laisser à la libre concurrence des instituteurs brévetés, bacheliers, docteurs, etc., dont les établissements seraient soumis à la surveillance de l'État.

Les chefs de ces établisements seraient tenus de prendre leurs professeurs et leurs maîtres d'étude parmi les gradués universitaires qu'ils pourraient réclamer à l'académie, en cas de besoin.

Alors les lycées, les collèges communaux, les congrégations et les associations de tout genre, n'étant pas d'intérêt général, seraient dirigés par des licenciés auxquels l'Etat ou les villes accorderaient des encouragements mérités.

Ainsi s'établiraient la moralité, la justice et la liberté dans toutes les parties de l'enseignement.

IX.

ARMÉE.

En 1794 les soldats français ne furent vainqueurs des nations coalisées qu'après s'être endurcis à la fatigue, aux souffrances et aux privations de tout genre. Avant de vaincre, ils avaient acquis les qualités du soldat et les conditions de la victoire.

Alors il fallait une armée pour défendre la république contre les rois courroucés, et des chefs intrépides pour leur inspirer l'élan de leur patriotisme ; tels furant Kléber, Joubert, le vieux, mais énergique Dagobert, Hoche vainqueur des Autrichiens et pacificateur de la Vendée, et par-dessus tous Napoléon qui, régnant avec autant de justice que de sévérité, rétablit l'ordre, empêcha les dilapidations, créa les finances, paya bien les armées, et plaça la France au-dessus des nations.

A propos d'une garde Impériale, il disait : C'est un luxe digne tout au plus du vaste empire que je gouverne et qui me paraît même trop coûteux, si je ne devais faire des sacrifices à la Majesté de cet empire et à l'intérêt de mes vieux soldats qui trouvent un moyen de bien-être dans l'institution d'une troupe d'élite.

L'école polytechnique est essentiellement utile pour former des officiers spéciaux par le moyen d'une instruction qu'on ne pourrait guère donner dans les régiments.

Il en serait de même de toute autre institution qu'on pourrait dire d'intérêt général.

Mais les bons généraux et les braves soldats se forment surtout dans le camp en face de l'ennemi.

X.

LA CHASSE.

Si la loi de la chasse était appliquée dans toute son étendue, nul ne pourrait chasser en sûreté que dans son parc, son jardin ou sur la voie publique. Au-delà de ces limites, on serait tenté de dire à chaque pas : « Au diable le plaisir que la crainte peut corrompre. » Mais grâce au morcellement des terres et à la bienveillance des petits propriétaires, tout le monde comprend qu'à la chasse comme partout l'homme n'a besoin que de justice et de liberté sans la moindre licence.

DROIT DE L'ÉTAT.

L'origine de la propriété, le droit d'impôt, celui d'expropriation pour cause d'utilité publique et l'intérêt général, base de tout droit et de toute justice, montrent assez que l'Etat peut permettre la chasse sur toutes les terres dépouillées de leurs fruits. Il ne doit y avoir d'exception que pour les propriétés closes dont les propriétaires paient un maximum d'impôt pour les terres ainsi soustraites au droit de communauté.

Dans l'intérêt de l'ordre, tout chien de chasse devrait porter un collier où seraient gravés le nom et l'adresse de son maître.

DROIT DU PROPRIÉTAIRE.

D'après les lois ordinaires, le propriétaire peut exiger le paiement d'un dommage si dommage il y a; mais lorsque la terre est inculte, déserte et sans fruit, quel dommage peut-on y faire? quelle réparation peut-on exiger?

Ne servirait-on pas mieux l'intérêt général en laissant s'établir une confiance réciproque entre chasseurs légitimes, tous propriétaires ou conservateurs, et en prenant des mesures plus efficaces contre les destructeurs de toute espèce, qui, au moyen de pièges, de tirasses et de filets qu'on peut trop aisément porter sans permis, ravagent nuit et jour les récoltes en poursuivant toute l'année le gibier qui devrait être soigneusement conservé pour la satisfaction de ceux qui consentent à s'imposer dans l'intérêt de tous. Pourquoi le chasseur qui a déjà payé à la commune pour lui et pour son chien, est-il encore obligé de payer à la barrière pour le gibier qu'il porte?

Cette mesure est d'autant plus vexatoire pour le chasseur légitime, que s'il a quelque chose à déclarer, on l'oblige à s'arrêter, quelquefois même à se détourner de sa route alors même qu'il est affamé, fatigué et trempé de sueur.

Ne serait-il pas mieux d'élever le prix du permis de chasse, et de supprimer le droit d'entrée pour tout chasseur légitime.

De ces considérations on peut déduire les articles suivants :

1° Rendre muette la loi de la chasse sur le consentement du propriétaire, sans diminuer de sévérité pour la garde des personnes et des propriétés.

2° Porter le permis de chasse à 40 fr. à la charge par la commune d'abolir le droit d'entrée pour le chasseur légitime.

3° Exiger le permis de chasse de tout porteur de fusil en tout temps et en tous lieux.

4° Amende ou prison à celui qui serait pris chassant en temps prohibé ou sans avoir payé le permis de chasse.

CONSEIL POUR LA CHASSE AU CHIEN D'ARRÊT.

N'allez jamais à la chasse sans mettre votre permis dans le sac avec un flacon d'ammoniac,

un couteau avec canif, une épingle, une ai-
guille et du fil. Suspendez à votre cou une
gourde pleine de vin vieux, de cognac ou de
rhum.

Armez-vous d'un fusil dont les ressorts
jouent franchement, sans arrêt, sans mollesse,
avec un bruit sec et légèrement sonore.

Ayez un bon chien qui quête à vingt ou
trente pas, qui obéisse au commandement et
tombe franchement en arrêt. Ne le laissez pas
courir après le gibier, ni sur le coup de fusil
d'un autre chasseur.

Le bon chien en arrêt indique le gibier de
la queue, de la tête et de l'œil avec une pose
admirable. Il apporte le gibier sur terre et sur
eau.

Un chasseur prudent n'oublie jamais de
mettre des guêtres et un gilet de flanelle.
Avant de monter en voiture, il a soin de placer

un petit double de papier entre le chien abattu et la cheminée. Sans cette précaution, le caho·tement de la voiture peut faire partir votre fusil. Ne mettez les capsules qu'après avoir chargé, et ne vous servez du tire·bourre qu'après avoir abattu les chiens et retiré les capsules. En marchant, tenez votre arme assez élevée pour que la charge, en cas d'accident, passe au·dessus de la tête d'un homme que le chasseur doit toujours supposer près de lui. Avant de sauter un fossé, désarmez votre fusil; tenez·le haùt dans le bois et les fourrés. Eloignez·vous des voisins qui ne se conforment pas à ces règles. Evitez le voisinage des jeunes chasseurs.

Si votre chien arrête un lièvre, sa queue est raide et légèrement arquée en bas, inclinée à droite pour un lapin; un peu relevée et droite pour une caille; enfin très·raide, très droite et parallèle à l'horizon , si c'est une perdrix.

Lorsque le gibier part , épaulez bien et ajustez de manière à couvrir la pièce en tirant.

RÉVOLUTION DE 89.

A l'avènement de Louis XVI , la France ne pouvait plus supporter l'injustice des privilèges et l'énormité des abus.

Le Ministre Turgot proposa un plan de réformes qui faisait souvent dire au roi : « Il n'y » a que moi et Turgot qui soyons les amis du » peuple. »

Les réformes de Turgot échouèrent par la résistance des premiers ordres de l'Etat, intéressés à conserver tous les genres d'abus. Les notables, d'après le plan de Calonne , finirent par consentir à l'impôt sur leurs terres , à

celui du timbre et à la suppression des cor-
vées; mais l'action du Ministre de Brienne
s'étant arrêtée là, le parlement dénonce les
abus persistants, les scandales, les prodigalités de la cour et demande les états de dépense,
ce qui fit demander les états généraux. Le 4
Janvier 1788, le parlement rend un arrêt
contre les lettres de cachet; le roi casse cet
arrêt; le Ministre, irrité contre les exigences
du parlement, fait exiler huit cours souverai-
nes. A bout de moyens, il se retire en laissant
le trésor à sec, les autorités en lutte et les
provinces en armes. Quant à lui, pourvu de
800 mille francs de bénéfices, de l'archevêché
de Sens et du chapeau de cardinal, s'il ne fit
pas la fortune publique, il fit au moins la
sienne.

Des assemblées se forment sous le nom de
clubs où on ne s'occupe que d'abus à dé-

truire, des réformes à opérer, de la constitution à établir.

Les privilèges irritaient tout le monde,
excepté ceux qui en jouissaient, les dignités
ecclésiastiques et militaires étaient exclusive-
ment réservées à certains individus. On ne
pouvait embrasser une profession qu'avec
certains titres nobiliaires ou certaines conditions pécuniaires. La noblesse et le clergé
possédaient à peu près les deux tiers des terres ;
l'autre tiers, possédé par le peuple, payait au
roi des impôts, une foule de droits à la noblesse, la dîme au clergé, et supportait les
dévastations du gibier et des chasseurs nobles,
les impôts de consommation pesaient sur le
peuple qui était encore obligé de nourrir de
ses sueurs les hautes classes de la société sans
pouvoir vivre lui-même. La liberté individuelle
était violée par les lettres de cachet, et la

liberté de la presse par les censeurs royaux.

Dans les états généraux, la cour impose au Tiers-Etat une étiquette humiliante.

Sieyès se demande dans un écrit : Qu'est-ce que c'est que le Tiers-Etat? Rien. Que doit-il être? Tout.

Malgré la résistance de la noblesse et du clergé, les trois ordres se réunirent sous le nom d'assemblée nationale. Cette réunion ne convenant pas en haut lieu, on fait fermer la salle de cette assemblée, sous prétexte de réparation. Alors les députés vont se réunir dans la salle du Jeu-de-Paume et y prètent le serment de ne plus se séparer. Le roi se rend à l'assemblée entouré de la force armée, enjoint la séparation des ordres, casse les précédents arrêtés du Tiers-Etat et ordonne à l'assemblée de se séparer sur-le-champ, la noblesse le suit avec une partie du clergé.

Alors Mirabeau se lève et dit : « Messieurs,
» j'avoue que ce que vous venez d'entendre
» pourrait être le salut de la patrie, si les
» présents du despotisme n'étaient pas toujours
» dangereux : l'appareil des armes, la vio-
» lation du temple national pour vous recom-
» mander d'être heureux. Où sont les ennemis
» de la nation ? Catilina est-il à nos portes ?
» Je demande qu'en vous couvrant de votre
» dignité, de votre puissance législative, vous
» vous renfermiez dans la religion de votre
» serment ; il ne vous permet de vous séparer
» qu'après avoir fait la Constitution. » — Le
marquis de Brézé, grand-maître des cérémo-
nies, rentre alors, et s'adresse au président :
« Vous avez entendu, lui dit-il, les ordres du
roi ! » Bailly lui répond : « Je vais prendre
ceux de l'assemblée. »

Mirabeau s'avance : « Oui, Monsieur, s'é-

» crie-t-il, nous avons entendu les intentions
» qu'on a suggérées au roi ; mais vous n'avez
» ici ni voix, ni place, ni droit de parler.
» Allez dire à votre maître, que nous sommes
» ici par la puissance du peuple, et qu'on ne
» nous en arrachera que par la puissance des
» bayonnettes. »

Soldats et officiers sentaient que toute car-
rière leur était fermée. Ils étaient blessés de
voir leurs jeunes officiers ne faire presqu'aucun
service, ne figurer que les jours de parade, et
après les revues, ne pas accompagner le
régiment dans leurs casernes. Quelques soldats
ayant été enfermés à l'abbaye, le peuple en-
fonce les portes de la prison et les délivre.

La cour et la noblesse mécontents de la
représentation nationale, engagent le roi à
faire venir des troupes pour la dissoudre.

Mirabeau propose le renvoi des troupes, et

le roi répond comme toujours d'une manière évasive.

Un détachement de Royal-Allemand fond sur le peuple, blesse plusieurs personnes, entre autres un soldat des gardes françaises. Ces derniers font feu sur Royal-Allemand. Le prince de Lambesc qui commandait ce régiment, charge la foule, tue un vieillard au milieu de la confusion et fait évacuer le Jardin-Royal. — Le peuple prend les armes. — On crée une milice de 48,000 hommes. Faute de fusils, on fait fabriquer 50,000 piques — Le projet de la cour était de faire attaquer Paris sur sept points et de dissoudre l'assemblée. En attendant le peuple s'empare de la Bastille et décapite le commandant Delaunay. A cette nouvelle Louis XVI se rend à l'assemblée avec ses deux frères. Son discours est très applaudi. Bailli est nommé maire de Paris et Lafayette commandant d'une milice qui prend bientôt le nom de garde nationale, et pour emblème la cocarde tricolore dont Lafayette prédit les destinées en annonçant qu'elle ferait le tour du monde.

Le peuple des campagnes refuse de payer les droits féodaux, incendie les châteaux et se livre dans quelques endroits à des vengeances atroces.

M. Seguen de Kérengal, propriétaire en Bretagne, se présente à la tribune en habit de cultivateur, et fait un tableau effrayant du régime féodal. Par un mouvement de générosité, la noblesse, et le clergé à son exemple, abandonnent les privilèges, et l'égalité des droits rétablie entre les individus l'est aussi entre toutes les parties du territoire. On avait promptement arrêté :

L'abolition de la qualité de serf.

La faculté de rembourser les droits seigneu-
riaux.

L'abolition des juridictions seigneuriales.

La suppression des droits exclusifs de chasse,
de colombier, de garenne, etc.

Le rachat de la dîme.

L'égalité des impôts.

L'admission de tous les citoyens aux emplois
civils et militaires.

L'abolition de la vénalité des offices.

La destruction des privilèges de villes et de
provinces.

Et la suppression des pensions obtenues sans
titres ou sans l'approbation de l'assemblée.

Le lendemain la noblesse et le clergé mar-
chandent ce qu'ils ont livré et en disputent
une partie.

Le peuple manquant de pain, les femmes
se portent chez les boulangers et ensuite à

Versailles où une députation est introduite
chez le roi qui les congédie avec beaucoup de
promesses. Celles de leurs compagnes qui les
attendaient à la porte, les accusent de s'être lais-
sées séduire et se préparent à les déchirer. Les
gardes-du-corps accourent pour les dégager.
Des coups de fusil partent de divers côtés,
deux gardes tombent et plusieurs femmes sont
blessées. Un homme du peuple, à la tête de
quelques femmes, reçoit un coup de feu qui
lui casse le bras. Il en résulte de part et d'autre
une grande irritation.

Lafayette arrive à Versailles, court au château, rassure le roi. Epuisé de fatigue, il se
jette sur un lit pour prendre un repos dont il
était privé depuis vingt-quatre heures. Pendant
ce temps le peuple se révolte; un garde-du-
corps fait feu des fenêtres. Le château est en-
vahi, les gardes se défendent; Lafayette se

précipite au milieu de la mêlée , dégage plusieurs gardes-du-corps qui allaient être égorgés , et sauve la cour d'un massacre imminent. Louis XVI se rend à Paris avec le peuple, sous la conduite de Lafayette , et s'installe aux Tuileries avec sa famille.

Les nobles émigrent et les biens du clergé sont mis à la disposition de l'Etat qui assure à tous les ecclésiastiques une convenable existence.

C'est ainsi que l'assemblée se ménagea de grandes et utiles ressources en détruisant la redoutable puissance du clergé avec le luxe scandaleux des grands de cet ordre. Elle déclara ne plus reconnaître les vœux religieux et rendit la liberté à tous les cloîtres.

Lafayette répétait à la cour que le roi devait s'attacher au parti populaire et s'efforcer de gagner sa confiance ; qu'il fallait pour cela que ses institutions ne fussent pas seulement proclamées à l'assemblée, mais qu'elles fussent manifestées par ses moindres actions; qu'il ne devait laisser aucune espérance secrète aux aristocrates.

Malgré la résistance et toutes les menées du clergé, l'assemblée décréta la vente de 400,000,000 de biens du domaine de l'Eglise, et on fit courir le bruit qu'on en voulait à la religion catholique.

On remarquait déjà le club des Jacobins où dominait Robespierre, celui des Feuillants où dominaient les Lameth.

Méker rendait compte des dépenses extraordinaires et demandait le Livre Rouge où se trouvaient les dépenses secrètes. Louis XVI céda avec peine et fit cacheter les feuillets où étaient portées les folles prodigalités de Louis XV et de ses courtisans. Le roi fixe lui-même sa liste civile à 25,000,000. Les titres de noblesse sont abolis.

A la fête de la fédération, le roi jure de maintenir la constitution décrétée par l'assemblée nationale.

L'armée, dernier appui du pouvoir, était aussi la dernière crainte du parti populaire. Tous les chefs militaires étaient ennemis de la révolution, parce qu'ils possédaient à eux seuls les grades et les faveurs. Par le motif contraire, les soldats penchaient pour l'ordre des choses nouveau.

La garnison de Metz fut la première à se révolter, ensuite celle de Nancy.

Le roi prend la fuite avec sa famille, il est arrêté à Varennes et ramené à Paris. Ce voyage détruisit tout le respect qu'on avait pour le roi et habitua les esprits à se passer de lui. Les émigrés préparent de grands mouvements sur la frontière et les rois coalisés menacent d'envahir la France.

Le député Isnard prit la parole ; « Ne craignez pas, dit-il, de provoquer contre vous la guerre des grandes puissances ; un peuple en révolution, dit Montesquieu, loin d'être disposé à être conquis, est prêt au contraire à conquérir les autres. On veut augmenter la prérogative royale, augmenter le pouvoir du roi, d'un homme dont la volonté peut paralyser celle de toute une nation, d'un homme qui reçoit tant de millions, tandis que des millions de citoyens meurent dans la détresse. On veut ramener la noblesse ! dussent tous les nobles de la terre nous assaillir, les français tenant d'une main leur or, et de l'autre leur fer, combattront cette race orgueilleuse et la forceront d'endurer le supplice de l'égalité.

Parlez aux ministres, au roi et à l'Europe le langage qui convient aux représentants de la France. Dites aux ministres que jusqu'ici

vous n'êtes pas très satisfaits de leur conduite,
et que par la responsabilité vous entendez *la
mort.*

Dites à l'Europe que vous respectez les constitutions de tous les Empires ; mais que, si on
suscite une guerre des rois contre la France,
vous susciterez une guerre des peuples contre
les rois.

Cent cinquante mille hommes durent être
réunis sur le Rhin sous le commandement de
Luckner, Rochambeaut, Lafayette.

C'est en défendant l'honneur Français et en
se débarrassant hardiment de la tutelle des
nobles et des rois que Louis XVI serait parvenu
à se populariser et à se concilier les républi-
cains qui ne voulaient de la république que
parce qu'ils croyaient un roi incapable d'aimer
et de défendre la liberté.

Dumouriez, appelé près du Ministre, forme

un vaste plan militaire. Il voulait qu'on atta-
quât sur-le-champ du côté du Rhin et de la
Savoie ; qu'après avoir atteint nos frontières
naturelles, l'armée restât sur la défensive. Si
Louis XVI avait pu se séparer des gens de
cour, il eut supporté facilement la constitution ; mais la reine ne pouvait pas en entendre
parler. Dumouriez répondit un jour à la reine
qui lui avait déclaré que le roi ni elle ne pouvaient supporter toutes ces nouveautés.

« Madame, je suis désolé de la confidence
que vient de me faire Votre Majesté. Je ne la
trahirai pas ; mais je suis entre le roi et la
nation ; j'appartiens à ma patrie, votre salut
et celui du roi sont attachés à la constitution.
Vous êtes tous les deux entourés d'ennemis
qui vous sacrifient à leur propre intérêt. La
constitution une fois en vigueur fera le bonheur du roi et sa gloire. » La reine choquée,

lui dit en haussant les épaules : «Cela ne durera pas, prenez garde à vous.»

Bientôt les rois coalisés nous imposent des conditions humiliantes. On y répond par un cri de guerre. Rolland lit une lettre au roi dont voici un extrait :

« Votre Majesté jouissait de grandes prérogatives qu'elle croyait appartenir à la royauté ; élevée dans l'idée de les conserver, elle n'a pu se les voir enlever avec plaisir ; le désir de les faire rendre était aussi naturel que le regret de les voir anéantir. Ces sentiments qui tiennent à la nature du cœur humain ont dû entrer dans le calcul des ennemis de la révolution.

» Votre Majesté peut-elle aujourd'hui s'allier ouvertement avec ceux qui prétendent réformer la constitution, ou doit-elle généreusement se dévouer sans réserve à la faire triompher. Telle est la véritable question. Au milieu des agitations dans lesquelles nous vivons depuis quatre ans, qu'est-il arrivé? Des privilèges onéreux ont été abolis ; les idées de justice et d'égalité se sont universellement répandues. Le peuple voyait dans les nobles des hommes odieux par les privilèges oppresseurs dont ils avaient joui. Depuis l'abolition de ces privilèges, la conduite de la noblesse a fortifié les raisons de la redouter et de la combattre comme une redoutable ennemie.

» La déclaration des droits est devenue un Evangile politique, et la constitution française une religion pour laquelle le peuple est prêt à périr.

La patrie n'est pas un mot que l'imagination se soit complue à embellir ; c'est un être auquel on fait des sacrifices, à qui l'on s'attache chaque jour davantage par les sollicitudes qu'il cause, qu'on a créé par de grands efforts, qui s'élève au milieu des inquiétudes, et qu'on aime par tout ce qu'il cause autant que par ce qu'on en espère ; toutes les atteintes qu'on lui porte sont des moyens d'enflammer l'enthousiasme pour elle.

» La révolution est faite dans les esprits ; elle s'achèvera au prix du sang, si la sagesse de Votre Majesté ne prévient pas les malheurs qu'il est encore temps d'éviter.

» Juste ciel ! auriez-vous frappé d'aveuglement les puissances de la terre ; et n'auraient-elles jamais que des conseils qui les entraînent à leur ruine !

« Je sais que le langage de la vérité est ra-
» rement accueilli près du trône ; je sais aussi
» que c'est parce qu'il ne s'y fait presque
» jamais entendre, que les révolutions de-
» viennent nécessaires. »

Après la démission de Dumouriez, le roi tomba dans un grand accablement. Il ne restait guère que Lafayette qui pût le sauver en gardant la constitution ; mais la reine ne l'aimait pas. Le roi refusait de signer certains articles de la constitution. Le peuple ameuté demande la constitution ou la mort. Louis XVI se montre à la foule qui se ruait dans le château en criant : « Point de veto ! point de prêtres, point d'aristocrates ! »

Les bruits de guerre et l'invasion imminente des Prussiens font déclarer la patrie en danger.

Quand tout le monde était dans la crainte et que chacun hésitait à se montrer, Danton proportionnant l'audace à la gravité de la situation, énuméra d'une voix tonnante tout ce qu'il appelait les crimes de la cour ; il rappelle la haine de celle-ci pour la constitution, ses

paroles trompeuses, ses promesses hypocrites, toujours démenties par sa conduite, et
enfin ses machinations évidentes pour amener
l'étranger. « Le peuple, dit-il, ne peut plus
recourir qu'à lui-même. Hâtez-vous donc, car
cette nuit même, des satellites cachés dans le
château doivent faire une sortie sur le peuple
et l'égorger avant de quitter Paris pour re-
joindre Coblentz. Sauvez vous donc; aux
armes! aux armes! »

Dans ce moment un coup de fusil est tiré
dans la cour du Commerce ; le cri aux armes
devient bientôt général, et l'insurrection est
proclamée.

Le 10 août 1792, le château est assiégé.
Louis XVI, après avoir montré beaucoup de
courage devant l'émeute, se rend à l'assemblée avec sa famille, sous la conduite de
Rédérer. Pendant son absence, le château est

attaqué, les suisses le défendent avec courage ; mais enfin ils succombent sous le
nombre. Louis XVI est suspendu de la royauté.

Discours de M. de Condorcet, député, au sujet
de la coalition des Rois contre la France.

Chaque nation a seule le pouvoir de se
donner des lois et le droit inaliénable de les
changer. Ce droit n'appartient à aucune, ou
leur appartient à toutes avec une entière égalité. Vouloir le ravir par la force à un peuple
étranger, c'est annoncer qu'on ne le respecte
pas dans celui dont on est le citoyen ou le
chef ; c'est trahir sa patrie ; c'est se proclamer
l'ennemi du genre humain.

La parenté, l'alliance personnelle entre rois,
ne sont rien pour les nations : esclaves ou
libres, les intérêts communs les unissent, la

nôtre s'indignerait qu'on osât mettre dans une même balance le sort de 20 millions d'hommes et les affections ou l'orgueil de quelques individus,

Nos pères de 89 firent le serment de périr plutôt que de souffrir la moindre atteinte ni à la liberté des citoyens, ni à la souveraineté du peuple, ni surtout à cette égalité sans laquelle il n'existe pour les sociétés ni justice, ni bonheur.

Mais, disent les rois coalisés, le Roi des français n'est pas libre. Eh! n'est-ce donc pas être libre que de dépendre des lois de son pays? La liberté de les contrarier, de s'y soustraire, d'y opposer une force étrangère, ne serait pas un droit, mais un crime.

Le voile que cachaient les intentions de notre ennemi est enfin déchiré! Citoyens! qui de vous en effet pourrait souscrire à ces honteuses propositions ! La servitude féodale et une humiliante inégalité, la banqueroute et des impôts que vous paieriez seuls, les dîmes et l'inquisition, vos propriétés achetées sur la foi publique rendues à leurs anciens usurpateurs, les bêtes fauves rétablies dans le droit de ravager vos campagnes (pour la seule jouissance des seigneurs) votre sang prodigué pour les objets ambitieux d'une maison.

Telles sont les conditions de traité entre le roi de Hongrie et les français perfides !

Telle est la paix qui vous est offerte ! Non, vous ne l'accepterez jamais ! Les lâches sont à Coblentz, et la France ne renferme plus dans son sein que des hommes dignes de la liberté. Il faut du temps pour discipliner les esclaves du despotisme ; mais tout homme est soldat quand il combat la tyrannie. L'or sortira de ses obscures retraites, au nom de la patrie en danger... Les vils esclaves de la corruption et de l'intrigue prendront l'appui des citoyens qu'ils avaient trompés, et l'Empire français n'offrira plus à nos ennemis qu'une volonté unique, celle de vaincre ou de périr tout entier avec la constitution et les lois.

PRINCIPES DE 89.

—

LA NATION SOUVERAINE.

Ce principe éternellement réclamé par la raison, la justice et l'intérêt de tous, fut constamment reconnu par Napoléon Ier, comme on peut le voir dans ses nobles discours ; mais l'enthousiasme de ses contemporains lui ayant conseillé de s'identifier la nation, il rappela les émigrés, fit revivre les titres héréditaires et réédifia le culte à sa guise. L'ambition personnelle croissant avec sa puissance, il eut le malheur de disposer du trône d'Espagne en faveur de son frère Joseph, et avant d'avoir soumis la nation révoltée, il se transporta dans le nord de l'Europe pour contraindre les rois à fermer leurs portes à l'indépendante Angleterre qui, par sa position, doit être l'alliée de la Gaule contre la coalition éventuelle des Monarques de l'Est.

Son vaste génie aurait été plus utile à la France, à lui-même et à sa dynastie, s'il eut été retenu par une constitution nationale.

Tant que Napoléon fut heureux, de nombreux soldats et de vaillants capitaines se disputèrent l'honneur de partager ses périls et sa gloire; mais à l'heure des revers et au moment même où il ne fallait que le cœur de la France pour anéantir l'ennemi sous les murs de la capitale, ses plus fiers généraux, tournés vers la nation, dirent en le quittant : « Nous ne voulons pas mourir pour un seul. »

Après son retour de l'île d'Elbe, il avait promis de ne faire la guerre que pour repousser une agression injuste, il renonçait au pouvoir arbitraire en respectant la liberté de la presse, les personnes et les propriétés ; il aurait voulu faire le bonheur de la France et de l'humanité, mais que pouvait faire de durable un simple mortel sans les principes de 89 !

TOUT POUVOIR ÉMANÉ DE LA NATION DOIT ÊTRE EXERCÉ POUR SON BONHEUR.

Si le pouvoir ne devait être exercé que pour l'intérêt d'une famille, d'une caste, d'une secte quelconque, les agents de ce pouvoir seraient un tourment continuel pour le Monarque et le peuple. Ces agents ne sauraient

7

être des saints; ils ont des passions qu'il faut maintenir.

Vers 1829 ma céleste épouse avait oublié de remplir une formalité sur un titre de rente; l'employé qui déjeûnait, dit sans la regarder: « Bientôt on ne nous enverra que des ânes. » « On ne vous les enverra pas, répondit à l'instant la digne cousine de Condorcet, ils sont là qui déjeûnent. » et les autres employés d'applaudir.

LES HOMMES SONT EGAUX EN DROIT.

L'égalité absolue ne peut être réclamée que par des ignorants ou des pervers. Nous ne sommes pas égaux par état de nature, puisque nous naissons avec des facultés d'esprit et de corps tout-à-fait différentes; nous ne le sommes pas non plus par état social, puisque la

société n'existe que par une dépendance mu-
tuelle ; mais la supériorité des uns ne doit pas
servir à l'oppression des autres comme cela
pourrait arriver par l'art. 75 et par les mono-
poles.

Le monopole de l'enseignement par exemple
au profit d'un corps quelconque , tendrait à
gêner la liberté des familles, à opprimer les
intelligences, à humilier de faibles rivaux.

Le monopole des terres tendrait à priver le
travailleur de la portion du sol nécessaire à sa
subsistance. Plus il y aura de petits propriétaires , moins il y aura d'esclaves ; plus le sol sera
partagé, plus il y aura de bras vigoureux pour
le défendre et le cultiver.

C'est surtout par son intelligence que
l'homme se distingue de la brute. L'animal
penché vers la terre et soumis à ses sens , ne
peut ni exprimer ses pensées , ni perfectionner

son ouvrage; mais l'homme avec son port élevé et son intelligence sans bornes exprime toutes ses pensées, les arrange et les perfectionne sans fin.

IMPOTS.

Il appartient à la nation de voter les impôts et de contrôler toutes les dépenses de l'Etat par ses mandataires. Une conduite contraire ne servirait qu'à susciter des réclamations, à irriter les esprits et à les conduire forcément à la république.

LIBERTÉ.

On peut abuser de la liberté, de l'égalité, de la fraternité, mais la vérité, la justice et la charité types éternels de la divinité, sont compris de tous les hommes et généralement recherchés. Ce sont les véritables moyens d'un gouvernement fort, durable et heureux.

VOEUX RELIGIEUX.

Les vœux religieux sont évidemment con-traires à la nature de l'homme, puisqu'ils enchaînent sa raison et sa liberté.

DIME.

Nos pères de 89 abolirent la dîme à ja-mais et furent assez généreux pour y suppléer par des appointements fixes dont notre clergé régulier a la sagesse de se contenter.

La constitution de 1848 avait reconnu :

1° L'inviolabilité du domicile.

Cet article n'est-il pas violé par les employés du fisc qui se permettent d'entrer dans nos maisons et d'aller dans nos jardins pour compter les grappes de nos treilles.

2° La liberté des cultes.

La liberté des cultes entraîne la liberté de conscience et nous préserve du despotisme d'un seul ; mais elle ne peut pas affaiblir notre respect pour la religion de nos pères, ni diminuer notre admiration pour ces antiques basiliques dont les tours et les flèches signalés de loin semblent lancer vers le ciel nos très humbles prières.

3° La liberté de l'enseignement.

La liberté de l'enseignement semble jurer avec des congrégations qui n'entendent vivre que de privilèges. Si l'intérêt général venait à parler, les membres de ces congrégations devraient trouver un dédommagement dans l'enseignement privé, dans les séminaires et le clergé régulier, dans la propagation des principes de 89, avec la doctrine du Christ, et par-dessus tout, dans l'étude de la nature et les merveilles de la création en vue de Dieu, de l'homme, du Monarque et du peuple.

Toutes ces constitutions rejettent les abus, les privilèges et les distinctions héréditaires, excepté une seule qui paraît être d'intérêt général ; c'est celle d'une dynastie dont l'héritier désigné par le Monarque est soumis à l'approbation des chambres et du suffrage du peuple. Quant aux autres titres héréditaires, il serait juste qu'il n'en fût plus créé, mais qu'on les laissât subsister dans les familles qui les possèdent jusqu'à l'extinction des mâles en ligne directe.

En 1789, les courtisans comparaient Louis XVI à un astre dont la noblesse formait les indispensables rayons. Cette brillante comparaison est accablante de fausseté, puisque les rayons du soleil éclairent et chauffent également tous les hommes. Cette propriété n'appartient qu'à la vérité, à la justice, à la charité, types éternels de la divinité.

4° La liberté de la presse.

La liberté de la presse est nécessaire pour éclairer le pouvoir et le peuple, pour défendre la justice et la vérité, pour découvrir la trahison, le mensonge et l'erreur; mais la liberté ne doit jamais dégénérer en licence par l'attaque injurieuse des personnes qui gouvernent ou qui administrent.

DESCRIPTION

DE LA VILLE DE MILLAU (Aveyron.)

La ville de Millau, au confluent du Tarn et de la Dourbie, se présente sous un aspect d'autant plus agréable qu'elle ne se laisse apercevoir qu'après une longue traversée de plaines arides, de froides montagnes et de sombres rochers. De tous les points de la côte, l'œil plonge avec satisfaction sur cette cité industrielle au pied de laquelle le Tarn, grossi de la Dourbie, roule un demi-cercle de ses flots argentés.

Au milieu d'une masse de maisons encadrées par une blanche ceinture de boulevards, on distingue, à l'ombre des monts qui les dominent, la tour du Beffroi et la jolie flèche de Notre-Dame dont la nef est déjà trop étroite pour ses nombreux paroissiens.

A partir de la ville et de ses jardins ombragés, s'élève par degrés une ondulation de collines plantées de vignes, d'amandiers, d'abricotiers, de pêchers, etc., dont les fleurs offrent au printemps un riant oasis au milieu

du désert, un Eden délicieux à la vue des neiges qui blanchissent les monts. Les brouillards
malsains de l'hiver ne peuvent partir que de
l'intérieur de la ville, vu qu'il n'existe dans
les environs ni bois, ni marais capables de les
engendrer. De tous côtés le sol sec et pierreux
est brusquement incliné vers le Tarn dont le
cours rapide contribue à assainir cette vallée
où l'ardeur du soleil se trouve tempérée par
les brises du Nord et de l'Est, qui sortent avec
mesure des gorges du Tarn et de la Dourbie.
Aussi l'ombre des monts ne s'est pas plutôt
allongée sur la belle avenue de Paris qu'Eurus
et Borée changés en zéphirs semblent y donner rendez-vous à la foule bruyante de l'indus-
trieuse cité.

Au Nord-Est se dresse le Puy-Dandan, géant
de la vallée, d'où l'on découvre les blan-
ches Cévennes, les monts d'Aubrac, de la

Lozère et la chaîne du Lévézou dominée au loin par celle de la Caune, dernière ramification de ces montagnes du côté du sud . De ce côté de la ville se dresse brusquement au-dessus de la région des vignes , une chaîne de rochers dont les uns se montrent à l'air , tandis que d'autres revêtus çà et là de quelques touffes d'arbres , soulèvent une glèbe légère qu'ils semblent prêts à percer. Ce sont les muscles de l'immense Larsac,

Qui sur beaucoup de points sans ombre et sans culture ,
Fournit à nos moutons une mince pâture.

C'est cependant de cette pâture que nous vient le fromage de Roquefort.

La vallée s'entrouvre à l'ouest pour laisser voir les derniers rayons du soleil , tombant en gerbes d'or sur le fleuve et réfléchis à l'est

par les flancs arrondis du Puy d'Agach dont
la couronne de rochers semble former le dia-
dème de la vallée. Cette couronne forme l'ex-
trémité d'un vaste plateau où croissent en
abondance le buis, la lavande, le glaïeul,
l'onagre, le muguet, l'immortelle grande et
petite, la gueule-de-loup, l'œil-de-christ, le
cytise fleuri, le tlaspic, le narcissse, l'œillet
odorant, et autres plantes odoriférantes que la
Providence revêt tous les ans de ses plus vives
couleurs. Dans ce climat de Provence, au
milieu de hautes montagnes, il n'est pas rare
de jouir des charmes de l'automne et des déli-
ces du printemps à la vue des neiges qui blanchissent les monts.

PHÉNOMENES DE LA VALLÉE.

Le Tarn est sujet à des inondations qui em-
portent les arbres de la rive avec la portion du

sol qui les soutient. Tantôt ils jonchent la rive de leurs cadavres, tantôt ils sont entraînés par le torrent avec les nids et les oiseaux qui s'y trouvent.

Le vent de mer apporte-t il des nuages chargés de foudre, de grêle et de pluie, il n'est pas rare de les voir s'amonceler sur la crête de la vallée, reculer au bord de l'abîme et se dissiper dans les airs.

On se précipite sur la place du Mandarou pour voir un feu nocturne semblable à un incendie. C'est la pleine lune toute rouge de vapeurs flottant à l'horizon des montagnes à travers la fente d'un rocher planté comme une cocarde sur la pente rapide d'un stérile côteau.

Voyez là-bas ces énormes roches qui brillent et s'articulent sur la sombre vallée de la Dourbie. On les prendrait pour une vaste forteresse formée de pyramides, de couronnes et de tours crénelées.

Remarquez ce phénomène de vapeurs parti du fond de la vallée, qui cherche une issue le long de ces rochers. Après quelques instants de lutte, il s'échappe en tourbillons de fumée qui se dissipe rapidement dans les airs.

A deux kilomètres de Milhau, on rencontre le village de Creissel traversé par un ruisseau d'où les eaux s'échappent avec fracas du flanc caverneux de la montagne, roulent à travers une prairie émaillée de fleurs, tombent de vingt mètres de haut, arrosent des prairies suspendues, jaillissent en écume sur des blocs de rochers, des troncs de noyer jusqu'au fond de la vallée où elles tombent brusquement dans le Tarn par une dernière et brillante cascade.

Millau, le 1er Janvier 1849.

A M. L'ABBÉ CARBON,

ANCIEN SUPÉRIEUR DU SÉMINAIRE DE BORDEAUX.

Cher Abbé,

Daignez agréer les sentiments de respect et de sincère affection qui, à 32 ans de distance, font encore battre mon cœur. Ces sentiments semblent devenir plus vifs à mesure que nous nous éloignons de l'heureux temps qui les fit naître pour nous abîmer dans l'éternité. Le temps est rapide, cher abbé, et la fortune inconstante ; la cruelle qu'elle est ne m'a souri qu'un instant. Voilà ce que c'est, direz-vous, que de bâtir sur le sable en cherchant le bonheur dans les biens périssables. Je réponds comme les païens : *Video mu-*

liora proboque, *deteriora sequor*. *Sua quemque trahit voluptas*. *Non omnibus datum est
adire Corinthum*: mais en réalité, cher abbé,
il n'est donné d'être heureux qn'à ceux qui
bâtissent pour l'éternité. L'édifice du corps est
trop fragile; c'est celui de l'âme qu'il faut élever. Après avoir perdu la majeure partie de
mes épargnes dans les faillites de l'Epoque,
de la Semaine, du Journal général de Presse,
et dans les chemins de fer, je suis venu au col-
lège de Millau avec l'espoir de rentrer au lycée
de Rhodez que j'avais été obligé de quitter par
un point d'honneur des plus légitimes; mais à
peine suis-je installé à Millau que le recteur
Théry est appelé dans une autre académie.

Ma chère épouse se fait difficilement aux
mœurs et au langage du pays. Pour la distraire
je lui ai fait voir Cette, Montpellier, Rhodez
et ses montagnes. A Cette, la plage, le ciel et

la mer nous ont paru magnifiques. Le bassin rempli de navires nourrit une espèce de poisson que l'on voit monter et descendre sur le canal à l'aide d'une membrane de pourpre et d'azur assez semblable à la tête d'un champignon qu'il ouvre et ferme à volonté. On l'appelle Pautre dans le pays.

Montpellier est une ville où les anciens auraient élevé un temple à Bacchus, s'ils eussent connu les vins de Lunel, Frontignan, St-Georges, Langlade; et nous autres, chrétiens, qui croyons que Bacchus n'est autre que Noé, nous sommes assez ingrats pour ne pas attacher à une belle grappe le souvenir de ce bon patriarche.

Au haut des montagnes de l'Aveyron, nous avons remarqué l'ancienne Domerie d'Aubrac entourée de gras pâturages et de bois vigoureux. De là on aperçoit à 16 lieues de distance

la belle cathédrale de Rhodez que nous devons
comme vous savez, cher abbé, à l'évêque
Dalmatien. Qu'il est beau de voir ces clochers
gigantesques d'où la prière semble s'élancer
vers le ciel. Sans ces magnifiques constructions
du moyen-âge, quel souvenir nous resterait-il
de St-Denis, Bourges, Rhodez, etc.; peut-on
voir quelque chose de plus admirable que les
cathédrales de Rouen, d'Amiens, de Chartres,
de Strasbourg et de Rheims, où tout jusqu'aux
vitraux ne respire que recueillement et prière.
Les architectes modernes imitent passablement
la Grèce avec ses colonnes ioniennes, dorien-
nes, corinthiennes; mais on cherche vaine-
ment dans leurs ouvrages cette empreinte de
piété, de génie et de foi qui a inspiré les architectes du moyen-âge. Il faut croire que les
moines eux-mêmes travaillaient à ces travaux
et les dirigeaient.

Le grand séminaire de Rhodez offre de loin
une grande apparence ; mais on dit qu'il est
plus vaste que commode, et que la distribution
intérieure ne répond pas aux énormes propor-
tions du dehors ; quant au clergé de l'Aveyron,
vous savez, cher abbé, qu'il ne le cède à aucun autre en sagesse, en santé, pas même au
clergé irlandais que vous avez pu apprécier.

A Millau, nous sommes entourés de montagnes formées de rochers granitiques qui sup-
portent des plateaux élevés, des plaines déser-
tes où croissent en abondance le buis, le ge-
nièvre, la lavande, l'œillet odorant, l'immortelle grande et petite, et quantité d'autres plantes que la Providence revêt des plus vives couleurs. C'est là que paissent ces riches troupeaux d'où provient le fromage de Roquefort.
Je ne vous parle pas des grives de Camarès,
des eaux d'Andabre ni des bains de Sylvanès

où nous avons vu l'évêque de Rhodez accompagné d'un nombreux clergé.

Veuillez me rappeler au souvenir de votre
excellent frère, et agréez les sentiments d'a-
mitié, de reconnaissance et de respect avec
lesquels je serai toute la vie,

Cher et respectable abbé,

Votre très-humble et très-obéissant serviteur,

BELMON.

LOUIS-NAPOLÉON III.

« Tout pour le peuple français, écrivait à
son fils l'illustre captif de Sainte-Hélène : tout
ce que nous avons été, c'est par le peuple. »

Le grand homme est mort; quel Homère
pourra le chanter?

Seize ans après l'héritier de l'Empire paraît du côté de l'Orient, c'est l'échauffourée de Strasbourg; à trois ans de là il reparaît à l'Occident au haut de la colonne de Boulogne d'où il salue sa chère patrie.
— « Approche, noble enfant de la France, digne héritier de l'Empire; si la Providence te favorise, tu seras Napoléon III. »

Le peuple devenu souverain appelle Louis-Napoléon Bonaparte à l'assemblée nationale où l'élite de la nation le porte à la présidence, et avec son audace napoléonienne il monte sur un trône qu'il regarde comme son héritage. Cette audace agréable à la France, est approuvée par 7,824,189 voix.

Napoléon III prend les rênes de l'empire et l'aigle tant désirée se montre de nouveau sur le drapeau de la France et sur la poitrine des braves. La médaille de Sainte-Hélène fait pleurer de joie les vétérans de l'Empire. Les travaux publics reçoivent une impulsion jusque-là inconnue. Paris ouvre de larges rues où s'alignent des hôtels dignes de recevoir les plus riches familles du globe. Les autres villes imitent la capitale, pendant que les chemins de fer apportent l'industrie, la civilisation, le commerce jusque dans lés bourgs les plus retirés de l'Empire.

La France, de concert avec l'Angleterre, soutient la Porte son alliée que la Russie allait étouffer dans ses bras, et la prise de Sébastopol signale au monde étonné les dignes fils du premier Empire. Magenta et Solferino délivrent l'Italie du joug de l'Autriche, et cette intéressante nation rend à son puissant allié nos limites naturelles du côté des Alpes. Notre drapeau protège les chrétiens de Syrie, et la Chine, par la France vaincue, ouvre ses ports à l'Europe.

Des cœurs trop généreux, des esprits trop ardents, voudraient faire dire à la grande nation qu'elle s'est trompée dans son choix ; mais j'ai prouvé par les faits que le suffrage du peuple est infaillible comme la voix de Dieu. Ce suffrage est le droit divin véritable, et c'est celui de Napoléon III.

La république a pu s'établir sur des terres vierges, mais l'Europe est la terre des rois. Nous ne pourrions y établir la république qu'en risquant notre nationalité sur des ruisseaux de sang et des monceaux de cadavres.

Sans le génie de Napoléon III, la lave révolutionnaire aurait déjà débordé sur toutes les monarchies de l'Europe. Nos anciennes possessions en deça du Rhin ne sont propres qu'à entretenir l'ambition de la Prusse et la méfiance des peuples.

Les frontières naturelles sont les garanties indispensables d'une paix durable.

Une politique aussi clairvoyante que généreuse cèdera tôt ou tard Dusseldorf à la Hollande, Cologne à la Belgique, Mayence et Spire à la France.

Vis-à-vis des journaux qui l'outragent, il est beau de voir un monarque entièrement maître de lui.

Devant le calme, les calomnies disparaissent et la raison reprend peu à peu son empire.

On vante les idées napoléonniennes.

Les études sur le passé et l'avenir de l'artillerie sont surtout appréciées par les gens de l'art.

———

LETTRE DE NAPOLÉON A M. JOBARD,
Directeur du Musée Belge.

Je crois comme vous que l'œuvre intellectuelle est une propriété comme une terre, une maison; qu'elle doit jouir des mêmes droits et ne pouvoir être aliénée que pour cause d'utilité publique. Je vous félicite d'avoir fait jaillir cette vérité, car c'est beaucoup au milieu du *chaos* qui nous environne d'émettre une idée vraie.

CE QUI DISTINGUE L'OEUVRE DE DIEU DE CELLE DE L'HOMME, BASE ESSENTIELLE DE TOUTE INSTITUTION RELIGIEUSE, POLITIQUE ET MORALE.

I. — Tout ce qui vient de Dieu est *éternel* comme lui. — Tout ce qui vient de l'homme est *mobile, changeant, périssable.* Le ciel, la terre et la mer portent le caractère de la Divinité. Ce caractère n'est pas moins évident dans la *vérité,* la *justice* et la *charité* que le Christ révéla au monde, et que nos pères de 89 mirent enfin en pratique.

9

II. Un seul homme se laisse nécessairement conduire par ses propres passions ou par celles d'autrui. Ce qui a fait dire aux anciens, *Omnis homo mendax*, tout homme est menteur, c'est-à-dire il peut se tromper ou être trompé. *Caro est infirma*, la chair est faible. *Sua quemque trahit ambitio.* Chacun suit le penchant qui l'entraîne.

III. — Un corps, une société, une secte en dehors de la nation, peut se laisser entraîner ou par l'or, ou par les places, ou par l'ambition d'un parti.

IV. Ces moyens sont impuissants sur la totalité d'une nation dont la grande voix, fût-elle partiellement comprimée, ne peut être que l'expression du besoin et *de l'intérêt de tous.*

V. — L'intérêt général est le mobile de ce qu'il y a de bon, de bien et de durable en ce monde, et nul n'a le droit de murmurer sur ce qui est d'intérêt général.

VI. — La critique historique sépare le mensonge de la vérité comme le van sépare la paille du grain ; mais le bon grain peut produire une semence nouvelle.

Celui qui a mis dans le gland tous les développements du chêne, doit avoir mis dans le cœur de l'homme tous les développements de sa conduite morale, sans nuire le moins du monde à sa liberté.

L'heure presse, mon bon livre, vole au combat.

TABLE DES MATIÈRES.

Unir à jamais l'intérêt de la Monarchie et du peuple.   4
Principes. — Dieu, l'Homme, etc., etc.   5
Suffrage universel.   10
Prophétie de Napoléon.   13
Accomplissement de la prophétie.   15
Les Bourbons. — Louis XVIII, Charles X., la dynastie
    d'Orléans.   16
Napoléon Ier   21
Tact merveilleux, Galanterie.   22
Lamartine.   32
Causes de la ruine des monarchies d'après Sully, minis-
    tre d'Henri IV.   39
Religion.   41
Justice.   45
Enseignements,   53
Education publique.   54
Education privée, Enseignement obligatoire.   55
Congrégations religieuses.   56
Armée.   62
La Chasse.   64
Droit de l'Etat.   65
Droit du propriétaire.   66
Conseil pour la chasse au chien d'arrêt.   68
Révolution de 89.   71
Principes de 89. — La nation souveraine.   95
Tout pouvoir émané de la nation doit être exercé pour
    son bonheur.   97
Les hommes sont égaux en droit.   98
Impôts. Liberté.   100
Vœux religieux. Dîme.   101
Description de la ville de Millau.   104
Phénomènes de la vallée.   108
Louis-Napoléon III.   116
Ce qui distingue l'œuvre de Dieu de celle de l'homme,
    base essentielle de toute institution religieuse, poli-
    tique et morale.   121

Toulouse, imprimerie Noël, place Louis-Napoléon, 5.

www.ingramcontent.com/pod-product-compliance
Lightning Source LLC
Chambersburg PA
CBHW052033270326
41931CB00012B/2467